Paul-Gabriel d'Haussonville

Celles
qui travaillent
à domicile

Essai

ISBN : 978-1979818919

10 9 8 7 6 5 4 3 2 1

Paul-Gabriel d'Haussonville

Celles
qui travaillent
à domicile

Essai

Table de Matières

Introduction

Depuis quelques années l'opinion publique s'est émue de la condition des ouvrières qui travaillent à domicile. Il y a quelque trente ou quarante ans, c'était au contraire la condition des ouvrières travaillant en atelier ou en usine dont on se préoccupait. On s'indignait que l'épouse, que la mère pût être arrachée à son foyer, à ses enfants pour être envoyée au bagne. On s'indignait même que la femme, mariée ou non, travaillât, et Jules Simon faisait écho à Michelet s'écriant que le mot *Ouvrière* était un mot barbare et impie. Certains théoriciens voulaient même interdire le travail à la femme hors de son domicile. Puis, peu à peu, on s'est aperçu que le travail de la femme à l'atelier ou à l'usine, qui entraîne assurément des inconvénients, présente aussi ses avantages ; qu'il est mieux payé, plus régulier, souvent plus hygiénique, et que le travail à domicile, assurément préférable en théorie, comporte au contraire de nombreux inconvénients dont le moindre n'est pas que les salaires payés à l'ouvrière travaillant à domicile sont souvent dérisoires. L'opinion publique s'est alors émue de ces salaires qui lui ont été révélés et qu'elle a flétris d'une expression énergique traduite de la langue anglaise : salaires de famine : *starvation wages*. Cette émotion, entretenue par des publications nombreuses, par des expositions, par des congrès, est devenue si grande qu'on rencontre aujourd'hui certains théoriciens, — ce sont peut-être les mêmes, — qui voudraient interdire à la femme le travail à domicile. Ces fluctuations de l'opinion montrent que, dans ces questions difficiles, ce n'est pas par des considérations de sentiment ni même par des théories qu'il faut se laisser diriger, mais elles ne sont pas sans utilité, car elles portent l'attention tantôt sur une question, tantôt sur une autre. De la constatation de faits douloureux, qui étaient demeurés inconnus, de la contradiction même des remèdes qu'on propose peuvent surgir certaines idées nouvelles, et ces idées contribuent au lent progrès qui, à travers les siècles, et malgré de trop fréquents retours en arrière, récompense à la longue la marche pénible des sociétés humaines. C'est pourquoi nous voudrions entretenir aujourd'hui les lecteurs de la *Revue* de « celles qui travaillent à domicile. »

Section I

Nombreuses sont, depuis quelques années, les publications qui ont pour sujet le travail féminin et en particulier le travail à domicile. Sans remonter jusqu'à l'ouvrage, déjà ancien, mais classique en quelque sorte de M. Paul Leroy-Beaulieu sur le travail des femmes, ni à ceux, plus récents, de M. du Maroussem sur l'*Industrie du vêtement* ou de M. Charles Benoist sur l'*Ouvrière de l'aiguille*, on peut citer la *Femme dans l'industrie*, par M. Gonnard ; le *Travail à bon marché*, par l'abbé Meny, le *Salaire des femmes*, par M. Poisson, le *Sweating System*, par M. Cotelle ; l'*Ouvrière de l'aiguille à Toulouse*, par M. Espinasse. Il serait facile d'allonger la liste. Mais de toutes ces publications la plus récente, la plus complète, et partant la plus intéressante est l'*Enquête sur le travail à domicile dans l'Industrie de la lingerie*, entreprise par l'Office du travail. Cette enquête, commencée il y a quatre ans, donnera lieu à la publication de trois volumes : le premier, consacré à l'industrie de la lingerie dans Paris, a paru cette année. Les deux autres paraîtront successivement. Conduite avec beaucoup de méthode et d'ingéniosité, cette enquête fait grand honneur à l'Office du travail, à son directeur, M. Fontaine, et à ses deux enquêteurs parisiens, MM. Georges et Maurice Alfassa. Le nombre des ouvrières interrogées par eux s'est élevé à 540, celui des entrepreneuses à 29 ; celui des patrons ou fabricants à 18. Les budgets de 66 familles ont été étudiés avec minutie, suivant l'excellente méthode de l'école de Le Play. Tous ces renseignements forment un gros volume de 768 pages, plein d'intérêt pour ceux qui se préoccupent des conditions de la vie populaire et que les brillants dehors de notre civilisation, la fête perpétuelle au sein de laquelle nous semblons vivre ne parviennent pas à distraire complètement des nombreuses misères qui se cachent sous ce voile doré.

L'industrie de la lingerie n'étant pas la seule où un certain nombre d'ouvrières travaillent à domicile, pourquoi l'Office du travail a-t-il choisi cette industrie pour en faire l'objet de son enquête ? C'est que l'industrie de la lingerie est celle où se pratiquent les salaires les plus bas, et la raison n'en est pas très difficile à trouver.

Toute Française, à ce que j'imagine,

Sait, bien ou mal, faire un peu de cuisine,

a dit Voltaire, dans la *Guerre de Genève*. On pourrait dire également : toute Française sait, bien ou mal, faire un peu de couture. Il n'y en a guère qui n'ait appris dans sa jeunesse à manier l'aiguille, et comme la lingerie, en particulier, est de toutes les industries celle où la demande est la plus constante et le travail le plus régulier, c'est aux travaux de lingerie qu'on forme de bonne heure les jeunes filles dans les nombreux pensionnats, orphelinats, ouvroirs, tant religieux que laïques, qui couvrent la France. « Il y a un réservoir inépuisable de main-d'œuvre dans la lingerie, » a dit un gros entrepreneur, au cours de l'enquête. Ce réservoir où les patrons puisent à leur gré n'est pas alimenté exclusivement par des ouvrières. « Il y a, dit le chef d'une grande maison de lingerie, telle ville du Centre où les femmes de fonctionnaires et de commerçants font du feston payé de 60 à 70 centimes le mètre ; elles vont chercher ce travail en cachette, en se promenant, et le font chez elle parce que cela ressemble à un ouvrage d'agrément. » Le grand nombre d'ouvrières lingères fait « qu'elles se mangent entre, elles, » suivant l'expression énergique dont s'est servie une des déposantes. Il n'est pas rare de voir une ouvrière accepter une commande que telle de ses camarades aura rejetée comme trop peu rémunérée, parce qu'elle est pressée par le besoin, ou, au contraire, parce qu'elle a d'autre part des ressources qui lui permettent de travailler à bas prix. Or, dans toutes les industries où l'offre du travail est abondante, le salaire baisse. La loi de l'offre et de la demande, — si tant est qu'en dehors du domaine vraiment scientifique le mot de *loi* ne soit pas un terme impropre, — le veut ainsi, et par là s'explique cette médiocrité des salaires dans l'industrie de la lingerie qu'on rencontre non pas seulement en France, mais en Angleterre et en Allemagne, pour ne parler que de l'Europe, car toutes les fois qu'on se trouve en présence d'un fait constant, universel, il y faut chercher la conséquence fatale de quelque loi.

Sans doute, c'est une conception morale très haute, et tout à fait digne de l'illustre pontife à qui l'on en doit la formule, que d'opposer à la loi brutale de l'offre et de la demande la doctrine du juste salaire qui impose à celui qui fournit le travail l'obligation de s'inquiéter des besoins de celui qu'il fait travailler. Mais le juste salaire ne saurait être une théorie économique ; c'est un appel à la conscience. Or, étant donné la nature humaine, il est à craindre que cet appel ne soit pas entendu de tous, et que, dans les conflits entre la conscience et l'intérêt, l'intérêt ne continue généralement à l'emporter. Opposer le juste salaire à l'offre et à la demande, c'est opposer l'idéal à la réalité. Il est beau, il est nécessaire de maintenir l'idéal, et l'Eglise est tout à fait dans son rôle en ne se lassant point de le proposer aux hommes, en matière économique comme en toute autre. Mais ceux qui s'adonnent à l'étude des faits doivent s'attendre à se trouver le plus souvent en face de la réalité.

Si nous avons tenu à donner cette explication générale et universelle en quelque sorte de la modicité des salaires dans l'industrie de la lingerie, c'est qu'il ne faudrait pas croire que les salaires déplorables en présence desquels nous allons nous trouver soient les salaires courants dans toutes les industries qui se rattachent au vêtement féminin. Il y aurait au point de vue moral de sérieux inconvénients à accréditer au point de vue économique cette croyance d'après laquelle « une femme ne pourrait pas se tirer d'affaire à elle toute seule, » croyance qui n'est que trop répandue dans les milieux populaires, et qui sert de prétexte à bien des défaillances. Dans la couture, dans la mode, dans la confection, les salaires, à Paris du moins, sont beaucoup plus élevés. Ils oscillent aux environs de trois francs et atteignent parfois, pour les ouvrières d'élite, il est vrai, quatre ou cinq francs. Même dans l'industrie de la lingerie, les ouvrières qui travaillent en atelier gagnent généralement trois francs, et parfois plus. Les salaires trop justement appelés de famine, qu'on rencontre dans l'industrie de la lingerie à domicile, ne sont donc qu'une exception, exception trop étendue sans doute et trop fréquente : mais si l'on ne saurait éprouver trop de compassion pour les victimes de cette exception, il ne faudrait pas cependant généraliser leur cas douloureux ni s'efforcer de persuader à toutes les ouvrières, comme le faisait naguère certaine affiche rédigée à très bonne intention, mais que je lisais cependant à regret : « qu'elles sont l'objet d'une exploitation éhontée. » Dépouillons maintenant le dossier de l'enquête, et, avant d'entrer dans le détail, mettons d'abord en lumière quelques constatations générales.

Section II

La première de ces constatations, c'est que le travail à domicile tend à diminuer dans l'industrie de la lingerie, à Paris du moins. Autrefois, on s'en serait désolé ou indigné. On est plutôt tenté de s'en réjouir aujourd'hui. A cette diminution du travail à domicile, il y a deux raisons. La première, c'est que, grâce aux progrès réalisés par l'industrie de la machine, certaines pièces qui, autrefois, étaient confectionnées exclusivement à domicile se confectionnent aujourd'hui de plus en plus en atelier. Ainsi par exemple les boutonnières. On a fait grand bruit, il y a quelques années, d'un orphelinat où l'on n'aurait appris aux jeunes filles qu'à faire des boutonnières. La boutonnière étant, dans la chemise d'homme ou la chemisette de femme, la partie la plus difficile à faire, c'est absolument comme si l'on disait que dans un établissement d'éducation on apprend exclusivement aux jeunes gens à faire des discours latins, sans leur avoir appris, au préalable, les règles de la grammaire. Mais cet orphelinat, si tant est qu'il ait jamais existé, n'aurait plus de raison d'être aujourd'hui, la boutonnière, grâce à une ingénieuse machine, se faisant de plus en plus en atelier. Il en est de même d'un certain nombre d'autres pièces, et de ce chef, le travail à domicile tend et tendra de plus en plus à diminuer.

Il diminue encore pour une autre raison. C'est que les fabricants en gros et les grands magasins, tentés par le bon marché de la main-d'œuvre, envoient de plus en plus de l'ouvrage à faire en province, soit à domicile, soit en atelier. De cela, il faut plutôt se réjouir. D'une part, le travail à domicile améliorera la condition souvent assez dure des femmes de nos petits cultivateurs qui, pour être des paysannes, ne sont pas moins intéressantes que des ouvrières, et d'autre part, la création d'ateliers ruraux, dans des conditions généralement plus hygiéniques que ceux des grandes villes, retiendra les jeunes filles à la campagne et ralentira cet exode vers les villes qui, à plusieurs points de vue, leur est souvent funeste. Malheureusement l'envoi de l'ouvrage à faire en province n'a pas seulement pour conséquence de diminuer le travail à domicile ; il en fait aussi baisser, dans une certaine mesure, le prix, par une conséquence difficilement évitable de l'augmentation de l'offre, de telle sorte que ce déplacement du travail qui, en soi-même, constitue un progrès, est aussi cause de souffrances. Quand on prononce ce mot de progrès, il ne faut pas oublier à quel prix le progrès est souvent acheté, ni combien sur sa route il écrase de victimes.

Feuilletons maintenant ce gros volume de l'enquête, et cherchons à résumer ce qui s'en dégage. Pour qui l'étudie sans parti pris, cette enquête porte un coup assez sensible à deux légendes qui n'en subsisteront pas moins, car les légendes ont la vie dure, mais qui en demeureront cependant ébranlées : la légende des entrepreneuses et celle des couvents.

C'est une opinion très répandue que la misère des travailleuses à domicile, en particulier dans l'industrie de la lingerie, tient à la rapacité des entrepreneuses qui réaliseraient des profits exorbitants par la différence entre le prix que leur payent les grands magasins et celui qu'elles payent elles-mêmes aux ouvrières entre lesquelles elles répartissent leurs commandes. Dans une exposition des produits du travail à domicile qui a été installée cette année, pendant quelques semaines, dans une rue très fréquentée, s'étalait un grand dessin au fusain divisé en deux compartiments. Dans l'un on voyait une ouvrière, pâle et maigre, penchée, l'aiguille à la main, sur son travail, et dans l'autre une entrepreneuse joufflue, rebondie, coiffée d'un magnifique chapeau. Ce dessin emblématique, fait pour surexciter des haines, dans un temps où il faudrait surtout se préoccuper de les apaiser, ne répond point à la réalité. Vingt-neuf entrepreneuses ont été interrogées par l'Office du travail. Sans doute il ne faut pas s'en rapporter aveuglément à leur témoignage au sujet des bénéfices réalisés par elles. Mais ce que l'enquête a établi ce sont les conditions de leur existence. Or il appert de l'enquête que l'existence des entrepreneuses et surtout des sous-entrepreneuses est des plus modestes. Sans doute il y a des entrepreneuses qui occupent beaucoup d'ouvrières, et, dans le nombre, on en trouverait qui abusent de la misère de leurs ouvrières pour leur imposer des salaires dérisoires, mais il y en a aussi qui leur payent à peu près les mêmes prix que les fabricants en gros. Quant aux petites entrepreneuses ou sous-entrepreneuses, le plus grand nombre vivent de la même vie que les ouvrières qu'elles emploient, les unes à domicile, les autres dans de petits ateliers. Elles-mêmes donnent dans ces ateliers l'exemple d'un travail acharné. Le profit qu'elles prélèvent est minime et se justifie par la nécessité où elles sont d'aller chercher et de rapporter le travail chez le fabricant, ainsi que par les malfaçons dont elles sont responsables. Leur vie est très dure, très simple. Si l'on en doutait, le prix du loyer qu'elles payent en témoignerait : 210, 250, 275,360 francs, sont les prix que nous avons relevé le plus souvent dans l'enquête ; 480 francs est le loyer maximum, et cette entrepreneuse a six enfants. On avouera que ces loyers ne sont pas l'indice de situations bien fortunées. Quant à la rapacité des entrepreneuses, ce sont les ouvrières elles-mêmes qu'il faut interroger sur ce point. Sans doute il y en a qui se plaignent, et assurément à bon droit, car il y a entrepreneuses et entrepreneuses, tout comme il y a ouvrières et ouvrières. Mais le plus grand nombre des ouvrières interrogées ne font entendre aucune plainte, car elles savent parfaitement que pour les entrepreneuses comme pour elles « la vie n'est pas drôle tous les jours. » Quelques-unes même se louent de leurs rapports avec celles qui les emploient. L'une d'entre elles laisse son argent entre les mains de son entrepreneuse qui le lui remet sur sa demande par petites sommes et lui fait parfois des avances. « Une brave femme, quoi ! » dit-elle. Une autre, voisine de son entrepreneuse, va travailler chez elle le soir pour épargner le feu et la chandelle. Une autre, qui a mal aux jambes, sait gré à son entrepreneuse de lui apporter elle-même son ouvrage et de l'envoyer chercher, quand il est fini, par la coursière. D'une façon générale, les relations entre ouvrières et petites entrepreneuses paraissent plutôt cordiales. Quant à une exploitation systématique organisée par des entrepreneuses rapaces qui s'enrichiraient des sueurs de l'ouvrière, encore une fois c'est une légende. « Ce qui caractérise le *sweating system*, c'est qu'il n'existe pas, » avait déjà dit M. Cotelle. L'enquête a démontré qu'il avait raison.

Il en est de même de la légende des couvents. C'est une croyance non moins répandue que les couvents, travaillant à bas prix et acceptant des commandes sans les discuter, font baisser le prix de la main-d'œuvre et contribuent ainsi indirectement à la misère des ouvrières de l'aiguille. On peut dire des couvents ce qu'on peut dire des entrepreneuses. Il a pu arriver, parfois, que des couvents, ayant charge d'âmes, ou plutôt de bouches à nourrir, ont, sous le coup de quelque nécessité pressante, accepté des commandes au rabais. Le fait a pu se produire en particulier dans ces derniers temps. Une des ouvrières enquêtées racontait ainsi avec indignation qu'elle avait refusé du travail qui lui était offert par une maison religieuse parce que les prix étaient dérisoires. Mais elle convenait qu'autrefois les prix payés par cette maison étaient meilleurs et qu'elle n'offrait des prix aussi bas que depuis la fermeture d'un pensionnat dont les bénéfices lui permettaient d'offrir des salaires plus élevés.

Ce qui est intéressant à consulter sur les prix auxquels travaillent les couvents, ce ne sont pas les ouvrières, qui en réalité n'en savent rien, et parlent par ouï-dire ; ce sont les fabricants qui leur donnent du travail. Ce sont aussi les entrepreneuses qui se trouvent en concurrence avec eux. Or que disent Les fabricants ? L'un d'eux affirme bien que les prix de la main-d'œuvre sont en hausse, et que, depuis trois ans, ils ont augmenté dans certaines régions de 25 pour 100 par suite de la disparition des couvents, mais cette assertion générale et sans preuve est contredite par l'ensemble des témoignages de l'enquête, qui signalent au contraire une tendance à la baisse des salaires. Par contre, voici ce que dit un autre fabricant : « Ce qui a fait le succès des couvents, c'est que le travail y est très régulier et très soigné, parce que ce sont toujours les mêmes mains, *mais c'est plus cher qu'ailleurs.* » « Certains couvents, dit un autre, demandent aussi cher que les entrepreneuses. » « Les couvents, dit encore un troisième, font du travail plus fin et *plus cher*, mais ils assurent une grande régularité de livraison. On est certain du travail livré et la vérification est inutile. »

Que vont dire maintenant les entrepreneuses ? On peut les en croire, car les couvents, pour elles, c'est la concurrence. « Les couvents travaillent au prix des ateliers de la région, » dit l'une. Une autre attendait de bons effets de la dispersion des couvents. De son propre aveu cette dispersion n'en a produit aucun. Des témoignages si divers et pourtant concordants autorisent donc à dire que si certains couvents, se trouvant dans une situation difficile, ont pu se résoudre à travailler pour des prix très bas, la concurrence qu'ils ont faite au travail à domicile a été pour le moins singulièrement exagérée, et qu'ils avaient l'avantage, tout le monde en convient, de former d'excellentes ouvrières.

Cette concurrence pourrait cependant d'ici à peu prendre une autre forme, et celle-là tout à fait inattendue. Nous ne relèverons qu'en passant cette plainte d'une ouvrière qui complétait son gain en faisant de temps à autre un ménage à 2 francs par jour et à laquelle ce ménage a été retiré au profit d'une religieuse sécularisée qui a accepté de le faire pour 1 fr. 50. Avoir rêvé de consacrer sa vie à Dieu et aux pauvres, et finir femme de ménage, le cas est triste. Espérons qu'il n'est pas fréquent. Mais l'exode d'un grand nombre de congrégations depuis sept ans pourrait bien avoir une conséquence singulière. Laissons parler un fabricant de lingerie de femme et d'enfants : « En ce qui concerne le travail à la main, il y a un gros danger pour l'avenir. La fermeture des couvents n'a pas eu seulement pour résultat de détruire un certain nombre des meilleurs centres de travail à la main. Les congrégations dispersées sont allées s'établir au Canada, en Belgique, en Angleterre, et elles y forment des ouvrières dont on sent déjà la concurrence ; la fabrication à la main qui n'existait que très peu à l'étranger va peu à peu se développer. Déjà, ajoute le fabricant, dans l'Amérique Latine où il y a beaucoup de couvents, cette concurrence se faisait sentir d'une façon très appréciable dans les exportations. Les religieuses qui ont quitté la France se sont plutôt établies dans les pays du Nord, et des résultats analogues sont à prévoir. » Fermer à l'exportation de la lingerie française les débouchés du Canada, de l'Angleterre et de la Belgique, c'est là une répercussion que les auteurs de la loi de 1901 n'avaient assurément pas prévue. On ne saurait penser à tout

Section III

Voyons maintenant de plus près les misères que l'enquête va nous révéler, sans les exagérer ni les méconnaître. Un des reproches qu'on adresse au travail à domicile c'est de contraindre les ouvrières qui le pratiquent à une durée de travail excessive. C'est donc avec grande raison que le questionnaire dressé par l'Office du travail porte sur ce point une question spéciale. Cette question a été posée à 510 ouvrières, mais il y a lieu de retenir les réponses de 351 seulement, les autres travaillant soit pour l'économat d'une compagnie de chemins de fer, soit pour des œuvres d'assistance, soit pour le magasin central de l'Assistance publique. Les premières sont en effet des privilégiées, et les autres des malheureuses ; mais ni les unes ni les autres ne peuvent être considérées comme des ouvrières normales. Les 351 autres, au contraire, dont les adresses ont été données, soit par les bureaux de bienfaisance, soit par des camarades, peuvent être considérées comme représentant assez exactement la population des ouvrières lingères de Paris, et ce n'est pas une généralisation imprudente que de conclure de leurs réponses à la situation des autres. Ces réponses, les voici. 152, soit 43 pour 100, accusent moins de dix heures de travail par jour ; 152, soit 43 pour 100 également, de dix à douze heures, 47 seulement, soit 13 pour 100, plus de douze heures. Il n'est donc pas tout à fait exact de représenter le travail à domicile comme condamnant toutes les ouvrières sans distinction à une durée de travail excessive. Nous reviendrons tout à l'heure sur la condition particulière de celles qui travaillent moins de dix heures par jour. Quant à celles qui travaillent de dix à douze heures, assurément c'est une rude journée, surtout quand c'est, comme nous le verrons tout à l'heure, pour un gain médiocre, et celles qui s'astreignent à ce travail avec patience et résignation méritent toute sympathie ; mais on ne saurait dire cependant que ce soit une journée de travail excédant les forces humaines, d'autant plus que, de leurs déclarations, il faut peut-être rabattre un peu.

Il n'en va pas de même de celles qui travaillent plus de douze heures. Quelques-unes ont fait des réponses navrantes. « Combien de temps travaillez-vous ? demande-t-on à l'une. — Jusqu'à ce que mes forces m'abandonnent, » répond-elle. Une autre raconte qu'elle commence à coudre à trois heures du matin, en restant au lit pour ne pas avoir froid. Une autre reste toute la journée et une partie de la nuit, sans bouger, penchée sur sa machine. C'est son mari, malade, qui fait le ménage et la cuisine. Il faut qu'elle travaille pour deux. Aussi la chambre, jamais balayée, est-elle remplie d'ordures. On pourrait multiplier ces tristes exemples, et si le nombre de ces victimes du travail intense ne constitue par rapport à la généralité des ouvrières qu'une minorité, cette minorité est assez nombreuse pour expliquer que certaines personnes bien intentionnées se laissent entraîner par la pitié jusqu'à des généralisations inexactes.

Quant aux 152 ouvrières qui au contraire travaillent moins de dix heures et dont quelques-unes n'accusent que cinq ou six heures de travail, au prix auquel ce travail est payé, elles ne pourraient pas vivre, si la plupart d'entre elles n'étaient mariées. Pour ces femmes, la rétribution de leur travail ne constitue qu'un salaire d'appoint qui vient grossir les recettes du ménage. La femme consacre à ce travail les quelques heures par jour dont elle peut disposer. C'est le salaire, souvent assez élevé, du mari, qui fait vivre le ménage et subvient à l'entretien des enfants. Le salaire de la femme ne fait que couvrir à peu près sa dépense personnelle. C'est là une considération qu'il ne faut jamais perdre de vue lorsqu'on traite du salaire des femmes, car elle explique bien des choses. L'enquête de l'Office du travail a mis avec raison cette situation en lumière. Sur 510 ouvrières interrogées, 258, soit 50 pour 100, étaient mariées, 169, soit 32 pour 100, étaient veuves ou divorcées,[1] 83, soit 16 pour 100 étaient célibataires. Pour la moitié donc, leur salaire, quel qu'il fût, ne constituait qu'un salaire d'appoint. Par le fait, elles n'en venaient pas moins en concurrence avec des femmes dont ce salaire constituait l'unique ressource, et la situation de ces dernières était d'autant plus difficile que beaucoup, veuves ou même célibataires, avaient des enfants à leur charge (64 parmi les veuves, 10 parmi les célibataires). De là l'explication de bien des misères. Ajoutons, et le renseignement a son intérêt, que sur 211 femmes qui ont fourni des renseignements sur la profession de leurs maris, 120 seulement étaient femmes d'ouvriers ; les autres étaient femmes d'employés ayant un traitement fixe ; l'une se disait même femme d'un publiciste.

Section IV

Obtenir des ouvrières des renseignements précis sur la durée de leur travail quotidien était, pour les enquêteurs, relativement facile. Déterminer le chiffre de leurs salaires était chose beaucoup plus délicate. Les ouvrières à domicile travaillent aux pièces. Leur salaire dépend donc de trois choses : du prix que les pièces leur sont payées ; du nombre d'heures qu'elles consacrent par jour à leur travail ; de la plus ou moins grande habileté qu'elles y déploient. Enfin, du salaire brut, il faut souvent déduire certaines fournitures qui, généralement, sont laissées à la charge de l'ouvrière, par

---

1 La plupart de ces veuves ne s'étaient adonnées aux travaux de lingerie qu'après la mort de leurs maris et constituaient des ouvrières peu habiles, ce qui explique leur misère.

exemple le fil et les aiguilles. Les enquêteurs de l'Office du travail ont tenu compte avec beaucoup de soin de tous ces éléments. On peut donc s'en fier à leurs dires, et les tristes constatations auxquelles ils sont, dans certaines circonstances, arrivés, méritent une plus grande confiance que les déclamations, parfois un peu vagues, de personnes excellentes.

Il y a deux manières d'établir les salaires des ouvrières employées à domicile dans une industrie quelconque : le gain horaire et le gain annuel. Les enquêteurs de l'Office du travail ont eu, avec raison, recours aux deux procédés. Ils se sont trouvés en présence de nombreuses difficultés, surtout pour le gain annuel qui est le plus intéressant, beaucoup d'ouvrières ne tenant, ce qui est assez naturel de leur part, aucune espèce de compte ; 417 ont pu cependant donner des renseignements suffisamment précis sur leur gain horaire. Sur ce nombre, 4 gagneraient moins de 0,5 par heure, 51 de 6 à 10 centimes, 54 de 11 à 15 centimes, 45 de 16 à 20, 32 de 21 à 25,14 de 26 à 30,7 de 31 à 35,6 de 36 à 40, 4 de 40 à 50. Laissons de côté la première et les deux dernières catégories dont la première touche un salaire exceptionnellement bas et les deux dernières un salaire exceptionnellement élevé, vraisemblablement explicables par quelque circonstance particulière. Prenons la moyenne. Nous voyons que 105 ouvrières louchent un salaire horaire de 6 à 15 centimes, ce qui, en supposant dix heures de travail, donnerait au minimum 12 sous, au maximum 30 sous par jour. Il est certain que ce sont là des salaires affreusement bas, et qui expliquent pour quelques-unes ce prolongement excessif de la journée de travail que nous avons constaté tout à l'heure. Nous allons au reste nous trouver en présence des mêmes chiffres, si nous cherchons le gain annuel. 366 ont donné des renseignements sur leur gain annuel. 52 gagnaient moins de 200 fr. ; 88, de 200 à 300 fr. ; 81, de 300 à 400 fr. ; 75, de 400 à 500 ; 45, de 500 à 600 ; 17, de 6 à 700 ; 12, de 700 à 800 ; 12 également, de 800 à 900 ; 14, de 900 à 1 000 et au-dessus.

Ce sont là des chiffres assurément douloureux, mais dont il ne faut pas cependant tirer des conclusions précipitées en disant que toutes les ouvrières qui gagnent moins de 600 francs par an meurent de faim. Il faut se rappeler qu'un grand nombre de ces ouvrières sont mariées, et que leur salaire n'est qu'un salaire d'appoint. Sur 540, nous l'avons vu, 253 étaient dans cette situation.

L'enquête a également constaté que, pour un certain nombre d'ouvrières, la lingerie n'est pas la seule occupation. Quelques-unes sont concierges, d'autres femmes de ménage, et ne consacrent à la lingerie qu'un certain nombre d'heures par jour. D'après l'enquête leur nombre s'élevait à 101, soit, en joignant les deux catégories, 354 ouvrières ne vivant pas exclusivement de leur travail de lingerie.

Pour les 186 restant, veuves ou célibataires, dont les gains, sauf de très rares exceptions, ne dépassent pas 600 et oscillent entre 400 et 600, il faut convenir que la vie doit être singulièrement dure, et quand, par-dessus le marché, elles sont chargées d'enfants, on ose à peine sonder les abîmes de misère en présence desquels on se trouve. Ce sont celles-là qui ne peuvent vivre qu'au prix d'efforts de travail surhumains et de quelle vie ! L'enquête nous l'apprend. « Quand on a fait une bêtise, il faut la payer jusqu'au bout, » dit l'une, célibataire, qui travaille quinze heures par jour pour sa nourriture et celle de son enfant. Une autre n'a jamais fait de bêtise, sauf celle de s'établir entrepreneuse. Elle y a perdu de l'argent. Elle est devenue veuve ; elle travaille de dix à douze heures par jour pour un salaire de 1 fr. 25. Aussi vit-elle dans un galetas et, pour toute nourriture, doit-elle se contenter d'une soupe qu'elle se fait avec 0 fr. 25 de viande et 0 fr. 10 de pommes de terre ; cette soupe la nourrit toute la journée. Une autre, veuve avec une fille de onze ans, travaille dix-sept heures par jour pour 1 fr. 75 ; sa nourriture et celle de sa fille lui coûtent 0 fr. 95 par jour. Aussi ne mangent-elles que tous les deux jours de la viande de cheval. Une autre, aidée par sa mère qui est âgée, arrive à gagner 600 francs par an au prix de douze heures de travail. Mais elle a deux enfants et, ayant été abandonnée par son mari à sa deuxième grossesse, elle a dû, sans meubles, presque sans vêtements, s'installer dans une chambre d'hôtel garni. Lorsque l'enquêteur s'est présenté chez elle à midi, personne n'avait rien mangé depuis la veille. Une autre, célibataire, a une fillette ; aussi travaille-t-elle dix-sept heures dans les moments de presse, douze heures en temps ordinaire, huit heures en morte-saison, les jours où elle travaille. Elle ne gagne pas tout à fait 500 francs par an. Son alimentation et celle de sa fille se composent presque exclusivement de pain, de café et de fromage de Brie. Heureusement l'enfant aime beaucoup le fromage et elle revient toute contente lorsqu'elle a pu acheter ce qu'elle appelle : *la côtelette de la chemisière.* « Tout n'est pas rose dans la vie, » ajoute la mère après avoir donné ces détails. Une vieille ouvrière de soixante-deux ans allume du feu tous les trois jours sur un réchaud pour se faire de la soupe qu'elle mange froide les autres jours. Enfin deux sœurs, qui vivent ensemble et dont l'une est maladive, travaillent, celle qui est bien portante, dix-neuf heures en temps de presse, de douze à quatorze heures en travail courant ; celle qui est maladive, seize heures en temps de presse, douze heures en travail courant. A ce prix, l'une gagne 400 francs, l'autre 300 qu'elles mettent en commun, car la bien-portante, qui était typographe, a abandonné ce métier lucratif afin de pouvoir vivre avec sa sœur et la soigner. Les deux sœurs, qui ont beaucoup de dignité dans leur misère, se nourrissent presque exclusivement de lait et de pain, afin de pouvoir s'habiller convenablement quand elles vont chercher ou rapporter de l'ouvrage. « Il faut bien, disent-elles, avoir une certaine tenue. »

Il serait trop facile d'allonger ce martyrologe où sont, en quelque sorte, cataloguées toutes les variétés de la souffrance. A le lire, on comprend cette amère parole échappée à une jeune fille : « Sans doute il est dur de mourir jeune, mais il est aussi bien dur de vivre, » et quand on se rappelle qu'il y a quelques mois on pouvait lire, sur les murailles de Paris, des affiches, rédigées peut-être chez le marchand de vin, entre une douzaine d'huîtres et une bouteille de vin, où des ouvriers qui gagnent de huit à neuf francs par jour parlaient de salaires de famine, on ne peut s'empêcher de penser et de dire que c'est par trop la loi de l'homme qui régit le monde du travail.

Section V

Après avoir signalé de pareilles misères, il serait singulièrement douloureux de s'en tenir à ces constatations et de convenir implicitement par là même qu'elles sont sans remèdes. Il faut donc s'appliquer consciencieusement à chercher s'il en existe. Il faut n'en écarter aucun soit avec dédain à cause de son insuffisance, soit de parti pris au nom de certaines doctrines abstraites. Comme disait Le Play : « il n'y a pas de théorie qui vaille contre la souffrance. » Les plus chimériques mêmes, en apparence, méritent d'être discutés, car il y a parfois dans la chimère un grain de vérité qui, à la longue, germe et finit par porter des fruits.

Pour mettre un peu d'ordre dans cette recherche, il importe de distinguer entre les remèdes directs et les remèdes indirects. On peut appeler remèdes directs ceux qui tendraient à agir directement sur les salaires des ouvrières pour en relever les prix. On peut appeler remèdes indirects ceux qui tendraient à améliorer leur condition générale ou qui pourraient même agir sur leurs salaires par voie de répercussion.

Commençons par les remèdes indirects.

Nous avons constaté que la situation la plus douloureuse était celle des ouvrières célibataires ou veuves, en un mot des femmes isolées qui demandent à leur métier de lingère le moyen de vivre, tandis qu'au contraire celles qui sont mariées et dont le salaire plus ou moins faible n'est qu'un appoint, viennent utilement en aide aux dépenses du ménage. A envisager les choses sous un certain angle, il faut voir, dans cette différence de leur condition, la démonstration économique de cette loi naturelle et providentielle que l'Ecriture a formulée en ces termes : « Il n'est pas bon pour l'homme de vivre seul. » De cette loi tous les peuples civilisés ou même barbares ont tiré l'institution du mariage. Malheureusement ne se marie pas qui veut dans notre société moderne, à Paris en particulier où l'ouvrier, et surtout l'employé répugnent de plus en plus à assumer les charges d'une union légale. Et puis il y a aussi les veuves ou les femmes abandonnées qui ont bien fait ce qu'elles ont pu pour se conformer à cette grande loi sociale et qui n'en peuvent mais si elles se trouvent solitaires dans la vie. On se rappelle que veuves et célibataires entrent pour moitié dans le nombre des ouvrières sur lesquelles a porté l'enquête de l'Office du travail, et cette proportion généralisée paraît exacte. Toute institution, toute œuvre qui améliore la condition des ouvrières isolées profite donc *pro parte qua* aux lingères, et on nous pardonnera de répéter ce que nous avons écrit souvent, ici même ou ailleurs, à propos des maisons de famille, des hôtels meublés pour dames seules, des restaurants d'ouvrières et des fourneaux populaires. Nous savons très bien avec quel mépris parlent de ces modestes institutions les réformateurs superbes qui sont persuadés qu'à coups de lois et de règlements on transforme les sociétés et qu'on abolit la souffrance. Assurément ils n'ont pas tort de dire que, dans une ville comme Paris, ces institutions ne peuvent venir en aide qu'à une minorité, à quelques centaines d'ouvrières quand il s'agit des maisons de famille, à quelques milliers quand il s'agit des restaurants d'ouvrières. Mais c'est déjà quelque chose d'avoir soustrait quelques centaines de jeunes filles aux tristesses d'un logis solitaire et malsain et quelques milliers aux privations d'une nourriture insuffisante. Ce n'est point un résultat qui soit si fort à dédaigner que d'avoir allégé, pour un certain nombre de créatures humaines, le poids de leurs souffrances, et, nous en demandons pardon à nos réformateurs, mais, dans cet ordre d'idées, les modestes créateurs de ces œuvres ont peut-être fait jusqu'à présent plus qu'eux. Rien ne défend d'ailleurs d'espérer que ces œuvres, qui sont de création récente, ne se développent encore et n'augmentent le nombre de leurs protégées.

Dans un ordre d'idées tout différent faut-il chercher un remède dans cette campagne contre le bon marché dans laquelle se sont enrôlés certains publicistes de haute valeur, entre autres M. Gide, professeur d'économie sociale à l'Ecole de Droit, mais qui est menée surtout par la Ligue sociale d'acheteurs. Nous ne voudrions rien dire qui contristât les adhérents à cette ligue, dont nous nous honorons de faire partie, et en particulier ses deux fondateurs, M. Jean Brunhes et son admirable compagne, qui mettent au service de cette ligue un zèle d'apôtre. Mais je crains que la Ligue sociale d'acheteurs ne fasse ici fausse route. Elle a cent fois raison lorsqu'elle entreprend l'éducation de la clientèle, lorsqu'elle adjure acheteurs et surtout acheteuses de se préoccuper des conséquences que leurs exigences peuvent avoir sur les veillées et le repos du dimanche. Elle a raison encore lorsqu'elle inscrit sur sa *Liste blanche* les maisons où les enquêtes conduites par elle lui permettent d'affirmer qu'ouvriers et ouvrières travaillent dans des conditions satisfaisantes au point de vue de la moralité, de l'hygiène et des salaires. Mais elle se trompe, suivant moi, quand elle veut organiser une sorte de *boycottage* des magasins où l'on vend bon marché, et lorsqu'elle adjure ses adhérents, entre deux objets d'égale qualité, d'acheter toujours le plus cher. D'abord en soi, rien n'est bon marché, rien n'est cher et les objets n'ont pas un prix absolu au-dessous ou au-dessus duquel ils ne devraient pas se vendre. Ensuite c'est une erreur de croire que le bon marché d'un objet s'obtient toujours aux dépens du salaire des ouvrières. Les facteurs du prix de revient sont nombreux ; un achat habile de la matière première, une réduction intelligente des frais généraux peuvent contribuer au bon marché, et parce que tel objet de toilette, une chemisette par exemple, sera vendu 5 francs dans un magasin et 4 francs dans un autre, il ne faut nullement en conclure que l'ouvrière qui a confectionné la première a été mieux payée que celle qui a confectionné la seconde. Enfin, il ne faut pas perdre de vue que le bon marché profite à tout le monde, non pas seulement à cette catégorie des riches acheteuses que la Ligue poursuit de ses vitupérations, mais à une catégorie beaucoup plus modeste, composée pour partie de travailleurs manuels, pour partie de personnes qui, sans appartenir au monde du travail, vivent, à Paris surtout, d'économies, parfois de privations : employés, petits fonctionnaires, voire même petits rentiers. Ce modeste monde, qui est astreint à certaines exigences de tenue extérieure et qui, comme on dit familièrement, joint péniblement les deux bouts, n'est pas non plus indigne d'intérêt. Si la Ligue sociale d'acheteurs forçait par ce *boycottage* les grands magasins à relever leurs prix, il en éprouverait un préjudice sensible qui atteindrait même par répercussion celles auxquelles on veut venir en aide, car il restreindrait ses achats et, par une conséquence forcée, diminuerait la quantité du travail demandé.

Quelques personnes croient trouver un remède dans la suppression des intermédiaires, de l'entrepreneuse, de cette pauvre entrepreneuse qu'on poursuit également de vitupérations, voire même d'injures, et que, dans certaines gravures suggestives, on représente tantôt comme une araignée qui prend des mouches dans ses toiles, tantôt comme une sangsue. L'enquête a démontré que tel n'était point habituellement son rôle. En tout cas la suppression des entrepreneuses est-elle possible ? Est-elle même désirable ? Elle n'est pas possible dans l'industrie de la lingerie. Les grandes maisons de lingerie auront toujours besoin, à côté du personnel fixe qu'elles font travailler en atelier et qui suffit aux commandes régulières, d'un personnel flottant entre lequel il faut pouvoir répartir rapidement les commandes irrégulières et supplémentaires dont elles ne peuvent prévoir la quantité. L'entrepreneuse est l'intermédiaire nécessaire entre le grand patron et ce personnel dispersé, mobile, changeant dans une ville comme Paris, que le patron ne peut pas connaître et atteindre directement. L'entrepreneuse apporte le travail à ce personnel, comme les vaisseaux capillaires apportent le sang dans toutes les parties du corps. Supprimer l'entreprise, ce serait supprimer les vaisseaux capillaires. On ne saurait opérer brutalement cette suppression sans apporter dans l'industrie de la lingerie une perturbation dangereuse, non plus que dans beaucoup d'autres. Il faut toute l'imprévoyance d'un ministre socialiste du Travail et de la Prévoyance pour concevoir une pensée pareille, si tant est que le projet déposé par lui pour interdire le marchandage, projet que le vague de ses définitions rend très difficile à comprendre, interdise aussi l'entreprise dans les industries féminines.

Cette suppression impossible n'est pas non plus désirable. De même que, dans les industries masculines, le tâcheron qui fait travailler un certain nombre d'ouvriers au-dessous des prix fixés par le patron, arrive souvent à devenir patron lui-même, de même l'entrepreneuse, dans les industries du vêtement, après avoir débuté comme simple ouvrière arrive souvent à devenir petite patronne. C'est là un des moyens, une des formes de ces lentes ascensions sociales qui sont si fréquentes dans les sociétés démocratiques et dont ceux qui rêvent la suppression du salariat devraient se réjouir.

Si l'entrepreneuse, c'est-à-dire l'intermédiaire entre les grands patrons et les ouvrières, ne peut être supprimée, peut-elle être remplacée ? Peut-on trouver un intermédiaire désintéressé qui ne chercherait à prélever aucun bénéfice et qui verserait à l'ouvrière la totalité du salaire payé par le patron, en se couvrant seulement de ses frais généraux ? La tentative a été faite, non sans succès. L'honneur de l'idée première revient, si je ne me trompe, à cette femme de tête et de cœur qui s'appelait la Mère Saint-Antoine et qui, après avoir fondé avec un plein succès l'Hospitalité du Travail d'abord pour les femmes et ensuite pour les hommes, avait créé l'Œuvre des Mères de famille. Elle prenait directement les commandes des patrons, faisait exécuter le travail à domicile et répartissait entre les ouvrières qu'elle employait, au prorata de leur travail, la totalité du prix que lui avaient payé les patrons pour ses fournitures, ses frais généraux restant au compte de l'Hospitalité du Travail et le fonds de roulement nécessaire lui ayant été fourni par une souscription. L'Œuvre a rendu de grands services, et si, à la mort de la Mère Saint-Antoine, il a été nécessaire de la liquider, c'est que la bonne Mère, entraînée par son ardeur, n'avait pas suffisamment proportionné le travail qu'elle donnait à faire aux débouchés dont elle était assurée, et qu'un certain nombre de marchandises non vendues avaient fini par s'entasser dans un magasin insuffisamment achalandé. Mais l'idée, ingénieuse en elle-même, a été imitée avec succès du vivant même de la Mère Saint-Antoine et continuée depuis sa mort par des œuvres similaires qui sont, sous une forme ou sous une autre, des œuvres d'assistance par le travail. Ces œuvres se sont beaucoup multipliées dans ces dernières années. Le nombre en est trop grand pour qu'il soit possible de les énumérer toutes. Parmi celles qui donnent les meilleurs résultats, on peut, croyons-nous, citer celle du XVIe arrondissement et celles qui sont groupées au cercle *Amicitia*. Ces œuvres, qui ont toutes une fin et un caractère charitable, car elles sont gérées, gratuitement, avec un désintéressement complet par des personnes qui se dévouent à leur succès, méritent tous les encouragements.

Serait-il possible de donner à cette substitution de l'intermédiaire désintéressé à l'entrepreneuse une forme commerciale ? Un publiciste de talent, auquel on doit deux histoires impartiales et instructives, celle des corporations, et celle du compagnonnage, M. Etienne Martin Saint-Léon, l'a pensé. Il prône l'idée d'une grande association coopérative dont les actions, de 25 francs chacune, seraient souscrites par des actionnaires appartenant à l'aristocratie de naissance ou de finance et au monde officiel, mais dont un certain nombre serait réservé aux ouvrières, astreintes seulement à un premier versement de 2 fr. 50. Les directeurs de cette vaste association, car il en faudrait plusieurs, même en limitant son action à Paris, s'adresseraient aux grands fabricants et obtiendraient d'eux d'importantes commandes. Ils les répartiraient entre les ouvrières qu'ils feraient travailler, et comme, à la différence des entrepreneuses, l'association ne prélèverait aucun bénéfice, elle pourrait majorer les salaires de ses ouvrières du bénéfice de l'entrepreneuse. M. Martin Saint-Léon reconnaît cependant qu'il serait nécessaire à la société de prélever un certain bénéfice, pour faire face à ses frais généraux, sans quoi la société aurait, comme les œuvres d'assistance par le travail, un caractère charitable. Il ne désespère même pas que ce bénéfice soit assez important, les ouvrières étant cependant convenablement payées, pour assurer aux actions un dividende que les statuts limiteraient à 3 pour 100 et qui profiterait aux ouvrières actionnaires dont on pourrait espérer de voir s'accroître le nombre. Assurément le mécanisme est ingénieux, et, si l'on parvenait à mettre sur pied une société coopérative de ce genre, elle pourrait rendre des services ; mais, pour être tout à fait sincère, nous avouons ne pas croire beaucoup aux futurs dividendes.

Enfin il est un dernier moyen plus indirect encore que ceux que je viens de signaler, mais qu'il serait bon de mettre en pratique. Ce serait de ne pas tourner par une éducation uniforme un trop grand nombre de jeunes filles vers l'industrie du vêtement et de chercher pour elles un autre emploi de leur activité. C'est le conseil qu'un homme qui apporte dans ces questions tout à la fois l'expérience pratique et la sollicitude charitable, M. Ernest Lefébure, le grand fabricant de dentelles bien connu, donnait naguère dans une lettre adressée à la Présidente de la Société pour le relèvement des petites industries rurales. Il faisait observer avec raison qu'à treize ans, les trois quarts des jeunes filles élevées dans nos écoles se mettent en quête d'obtenir un ouvrage de couture, qu'on compte les ouvrières lingères ou couturières par centaines de mille, et que, de cet encombrement de la profession, provient l'abaissement des salaires. Il conseille donc de les diriger vers d'autres industries, en particulier vers les industries alimentaires qui se pratiquent à la campagne. Ce serait une forme de ce retour à la terre, que prêche M. Méline et une forme singulièrement heureuse, si, comme le croit M. Lefébure, celles qui s'adonneraient à ces industries y trouvaient un salaire rémunérateur, et débarrassaient en même temps de leur concurrence la carrière encombrée des lingères. En théorie, le conseil est bon. En fait, les industries alimentaires seraient-elles aussi rémunératrices que le croit M. Lefébure ? Notre ignorance des choses de l'agriculture ne nous permet pas d'en juger.

Section VI

Passons aux remèdes directs, et cherchons s'il en est d'efficaces qui puissent rehausser le salaire des ouvrières à domicile.

Au premier rang des phénomènes économiques de ces vingt et surtout de ces dix dernières années, il en est un qui appelle particulièrement l'attention, c'est l'élévation des salaires dans la plupart des professions masculines. Ce n'est pas ici le lieu d'examiner si cette élévation n'a pas été exagérée, surtout dans ces derniers temps s'il n'y faut pas chercher, en grande partie, l'explication de cette hausse à peu près générale des prix en présence de laquelle nous nous trouvons, hausse qui fait perdre aux ouvriers eux-mêmes une partie des avantages acquis par eux, et qui pèse lourdement sur les petits rentiers ou employés, dont les uns ont vu plutôt diminuer leurs revenus par l'abaissement du loyer de l'argent, et dont les autres n'ont guère vu augmenter leurs traitements. Quoi qu'il en soit de ces considérations, c'est incontestablement l'action des syndicats, constitués en vertu de la loi de 1884, qui soit à l'amiable, soit en ayant recours à la grève, a déterminé cette hausse. Il est donc tout naturel de se demander si les ouvrières ne pourraient pas arriver au même résultat par la même action. Ce serait de leur part parfaitement légitime, et, en théorie, le moyen est irréprochable autant qu'excellent. En fait, elles en ont fait rarement usage. La lenteur de ce qu'on appelle, dans une langue nouvelle, le mouvement syndicaliste parmi les femmes en est la cause.

Au 1er janvier 1907, on comptait en France et aux colonies 5 322 syndicats comprenant 896 012 hommes contre 79 260 femmes. C'est peu, mais ce peu constitue cependant un progrès, car au 1er janvier 4905 on ne comptait que 69 405 femmes syndiquées. A cette date du 1er janvier 1905,[1] ces 69 405 femmes se répartissaient entre les syndicats mixtes, c'est-à-dire comprenant des hommes et des femmes, et les syndicats exclusivement féminins. Pour nous

---

1 Le dernier Annuaire des syndicats s'arrête à cette date. C'est dans le *Bulletin de l'Office du travail* que nous avons trouvé les chiffres de 1907. Il serait à souhaiter que l'Annuaire des syndicats fût tenu davantage à jour et qu'il contint quelques tableaux résumant les renseignements épars dans un grand nombre de pages, au lieu d'être une simple nomenclature.

en tenir au département de la Seine, sur lequel a porté l'enquête de l'Office du travail, on y comptait 14 540 femmes syndiquées se répartissant entre 82 syndicats mixtes et 21 syndicats féminins. 11 849 femmes appartenaient à des syndicats mixtes, 2 691 à des syndicats exclusivement féminins. C'est peu assurément, d'autant plus que, parmi ces syndiquées, il y en a un certain nombre qui n'appartiennent pas à la classe ouvrière, ainsi, par exemple, les institutrices libres, les employées de certaines administrations, les caissières et jusqu'aux artistes chorégraphiques qui sont constituées en syndicats. Le nombre des ouvrières proprement dites qui sont syndiquées est donc excessivement faible. Le syndicat n'est pas encore entré dans les mœurs de l'ouvrière. Là où elle a su se servir de cette arme, elle a eu cependant à se louer du résultat. C'est ainsi que les ouvrières employées par l'administration des tabacs qui sont constituées en plusieurs syndicats ont fait en dix ans monter leurs salaires d'une moyenne de 3,39 pour une journée de travail de dix heures à 4,10 pour une journée de neuf heures. Mais ce sont des ouvrières qui travaillent en atelier ; elles sont groupées, elles se connaissent toutes ; et ce groupement leur rend l'entente facile. Il n'en est pas de même dans les industries du vêtement, et en particulier dans celle de la lingerie où un grand nombre d'ouvrières travaillent à domicile. Elles s'ignorent ; elles ne se voient jamais ; elles sont sans contact les unes avec les autres ; et c'est ce qui explique qu'elles demeurent parfois livrées à une exploitation qu'on qualifie avec un peu d'exagération d'*éhontée*, qui n'est pas aussi générale qu'on le dit, mais qui est parfois trop réelle.

Certains efforts ont cependant été faits dans ces derniers temps. Il existe à Paris trois syndicats comprenant sinon exclusivement, du moins pour la plus grande partie, des lingères. Ce sont la Chambre syndicale des couturières lingères dont le siège est à la Bourse du travail, le syndicat des ouvrières de l'habillement dont le siège est rue de l'Abbaye, 5 ; enfin l'Union de la Chambre syndicale des ouvrières couturières et parties similaires dont le siège est rue de l'Université, 127.[1]

Le syndicat des couturières lingères, dont la secrétaire générale, une personne fort intelligente avec laquelle j'ai eu le plaisir de causer,

---

1 Deux syndicats nouveaux ont été constitués, l'un dans le quartier de Plaisance, l'autre dans celui de Saint-Roch. Maia ils sont encore à l'état embryonnaire.

vient d'être nommée conseillère prud'homme, compte environ 300 membres. Mais presque toutes ses adhérentes travaillent en atelier, et, comme le syndicat des lingères est hostile au travail à domicile qu'il voudrait voir disparaître, il ne faut pas compter sur son action pour syndiquer les ouvrières travaillant à domicile. Le syndicat de la rue de l'Abbaye compte 575 membres ; mais la moitié seulement sont des lingères et encore elles travaillent presque toutes en atelier. Celui de la rue de l'Université accuse 650 syndiquées, qui peut-être n'acquittent pas toutes avec une égale régularité leur cotisation de 0 fr. 50 par mois. Le nombre des lingères travaillant à domicile y est infime. La vérité est qu'il n'y a pas de syndicat des ouvrières à domicile dans la lingerie ; on le comprend vu leur état de dispersion. Les réunir en syndicat serait une entreprise qui présenterait assurément ses difficultés, mais qui ne serait pas irréalisable, car elle a été tentée avec succès en Allemagne où un syndicat de cette nature est arrivé à réunir 6 000 membres, et paraît avoir exercé une influence heureuse sur les salaires. Cette entreprise mériterait de tenter une femme de cœur et d'intelligence qui s'y dévouerait avec désintéressement, de même que la comtesse de Kersaint s'est dévouée aux sociétés de secours mutuels féminines. Mais il ne faut pas se dissimuler que tout est à faire, au moins dans l'industrie de la lingerie à domicile.

Ce serait au reste une conception tout à fait fausse et étroite de l'action syndicale que d'y voir uniquement un moyen de relever les salaires. Bien comprise, bien conduite, l'action syndicale peut être beaucoup plus large. Le syndicat peut remplacer les anciennes, corporations et en assurer aux syndiqués les avantages, sans cependant présenter pour cela ce caractère d'étroitesse et de tyrannie qui a suscité contre les corporations la légitime protestation du compagnonnage et qui a fini par amener la destruction des corporations elles-mêmes. Les syndicats peuvent fonder ou encourager des institutions qui viennent on aide aux travailleurs de la profession : écoles et cours professionnels, caisse de secours, caisse de prêts, etc. Les syndicats masculins le font souvent. Il serait particulièrement souhaitable de voir les syndicats féminins entrer dans cette voie, et nous sommes heureux de constater que de notables progrès y ont été faits. Il convient de citer en première ligne l'intéressant groupement que, sous l'impulsion d'une femme intelligente, bien connue de tous ceux qu'intéressent les questions féminines, Mlle Rochebillard, ont su réaliser les ouvrières lyonnaises. Le syndicat lyonnais constitue pour ses adhérentes une famille et un foyer. Il en a la douceur, et je ne saurais mieux rendre les sentiments que cette famille et ce foyer entretiennent dans le cœur de celles qui viennent s'y réchauffer qu'en citant ces quelques vers de leur chanson syndicale :

Va donc toujours, modeste travailleuse,

Sur le chemin du devoir, de l'honneur.

Va donc sans peur, souriante et joyeuse,

Les yeux au ciel et l'espoir dans le cœur.

Nous voilà bien loin du refrain de l'*Internationale* des travailleurs et il faut convenir, à l'honneur du féminisme, que les syndicats d'ouvrières (il est vrai qu'un grand nombre sont des syndicats catholiques) paraissent animés d'un beaucoup meilleur esprit que les syndicats d'ouvriers. Puissent leurs adhérentes s'y maintenir !

A signaler également la *Ruche syndicale* de la rue de l'Abbaye, dont il a été question ici même,[1] bien que, au point de vue spécial qui nous occupe, le nombre des syndicats d'ouvrières proprement dites y soit assez faible. On peut concevoir un espoir sérieux de ce développement des syndicats féminins, mais ce développement ne saurait être que lent et, comme les souffrances auxquelles il s'agirait de porter remède sont aiguës, les réformateurs de société parlent de cette action lente avec dédain et ils mettent ailleurs leur espérance. Ils voudraient, comme c'est aujourd'hui la tendance générale des esprits en matière de réforme sociale, voir intervenir la loi sous cette forme nouvelle : la fixation d'un minimum de salaires. Ils y sont encouragés par les tentatives faites dans les pays étrangers. Comme il ne faut apporter dans ces questions aucune prévention d'école, surtout quand on n'a l'honneur d'appartenir à aucune école, il faut serrer la question d'aussi près que possible et se rendre compte d'abord de ce qui a été fait à l'étranger.

---

1 Voyez les articles de MM. Paul Acker et Ludovic de Contenson dans la *Revue* des 1ᵉʳ août 1905 et 15 juillet 1908.

Section VII

Parmi les pays dont se compose la cinquième partie du monde, comme on dit dans les écoles primaires, il y en a un qui a conservé jusqu'à présent le privilège de servir de théâtre aux expériences sociales, pour ne pas dire socialistes, les plus hardies : c'est l'Australie. Les études si remarquables de M. Pierre Leroy-Beaulieu, celles plus récentes de M. Biard d'Aunet ont fait connaître ces expériences. Plus récemment encore, M. Charles Deschars, consul général à Sydney, dans un article publié par la *Revue politique et parlementaire*, expliquait l'ingénieuse tactique par laquelle le *Labour party*, devenu, par le jeu des élections, l'arbitre entre libre-échangistes et protectionnistes, a fait tourner ces compétitions au profit de la classe ouvrière. Il a contraint le Parlement australien à introduire dans la législation fiscale une clause d'après laquelle certains impôts supplémentaires seraient prélevés sur les industriels qui ne paieraient pas à leurs ouvriers des salaires « justes et raisonnables, » *fair and reasonnable*, un tribunal, spécial devant déterminer, par industrie, le taux de ces salaires. Ceux qui paieraient les salaires fixés par le tribunal seraient au contraire exempts de ces impôts. Ce serait tout à fait sortir de notre sujet que de raconter ici les protestations auxquelles cet article de loi a donné lieu de la part des patrons et même de la part des juges chargés de déterminer le taux des salaires, lesquels se sont déclarés eux-mêmes tout à fait incompétents. Ces protestations ont été portées devant la Haute Cour, et c'est à cette juridiction suprême qu'il appartiendra de décider si cette nouvelle forme de taxation est ou non contraire à la Constitution. La question est encore pendante, mais parmi les sept Etats constituant le *Commonwealth* australien, il en est un où une législation spéciale a établi un véritable minimum de salaires, sinon dans toutes, au moins dans un grand nombre d'industries, et précisément en particulier dans l'industrie du vêtement. C'est l'État de Victoria.

Le Parlement de Victoria a introduit en 1896, dans une loi sur la réglementation du travail, des conseils spéciaux (*special wages boards*) ayant pour mission d'établir, dans certaines industries, un minimum de salaires pour apprentis et ouvriers, d'arrêter le nombre des heures de travail par semaine, et de fixer le tarif des heures supplémentaires. Ces conseils de salaires ont également le pouvoir d'arrêter un tarif pour le travail aux pièces. Ils sont composés de patrons et d'ouvriers en égales proportions. Leurs décisions portées au *Journal officiel* ont force de lois.

Limités d'abord aux industries de la lingerie de femme, de la chemiserie, de la chaussure et de la boulangerie, ces conseils de salaires ont été étendus à un grand nombre d'autres industries, ce qui semblerait prouver qu'on s'est bien trouvé de leur action. Cependant cette introduction du salaire minimum légal avait produit d'abord un effet singulier et diamétralement contraire à celui qu'on se proposait : elle avait aggravé la misère de toute une catégorie d'ouvriers et d'ouvrières infirmes ou malhabiles (*slow workers*). Obligés de leur payer les mêmes salaires qu'aux autres, les patrons se refusaient à les employer. Aussi une loi postérieure a-t-elle autorisé l'inspecteur du travail à délivrer aux ouvriers, et ouvrières de cette catégorie des permissions individuelles de travailler au-dessous du tarif. De plus, une grande partie des travailleurs à domicile échappent à l'application de la loi qui ne s'étend point aux ateliers où sont employées moins de quatre personnes. Quant à l'influence exercée par cette législation sur le taux des salaires, il est assez malaisé de la déterminer. Sans doute les salaires ont assez sensiblement haussé dans les industries où fonctionnent ces conseils de salaires, mais ils ont haussé également dans les industries où ils n'existent pas, et un représentant de la Fédération des patrons d'Australie a pu dire, semble-t-il, avec vérité : « Les conseils de salaires ont supprimé le *sweating* dans la confection el, en général, dans les métiers où travaillent des femmes ; mais les ouvriers et les malades ont été renvoyés souvent à domicile où ils ont travaillé à des salaires très bas. Les conseils ont certainement haussé les salaires, mais pas dans la mesure où l'indiquent les statistiques officielles. La hausse est due principalement à la prospérité des temps.[1] »

L'Australie ! c'est bien loin ! Victoria, c'est bien petit. Des Etals minuscules peuvent, sans grands inconvénients, se livrer à ce qu'on a justement appelé « des expériences de socialisme en vase

1 La législation australienne et en particulier celle de l'État de Victoria ont fait, en Angleterre, l'objet d'un rapport au secrétaire d'État de l'Intérieur, qui a pour auteur M. Ernest Aves et qui a paru en septembre dernier. Nous renvoyons à ce rapport ceux qui seraient curieux de connaître cette législation compliquée.

clos, » et il est assez malaisé de connaître les résultats véritables de ces expériences. Il n'en serait pas de même si une expérience du même genre était tentée dans un grand pays, en relation et en concurrence avec les autres, surtout si ce pays était non pas une république où la démocratie ouvrière se montre plus ou moins oppressive, mais une monarchie constitutionnelle et une terre de liberté. Aussi les partisans du salaire minimum se sont-ils beaucoup réjouis du dépôt à la Chambre des communes de certain bill dû à l'initiative privée, mais qui porte la signature de membres de la Chambre appartenant aux partis les plus différents, entre autres celle de sir Charles Dilke, l'ancien ministre radical et celle de William Redmond, le leader des Irlandais. Ce bill, dit le préambule que nous résumons, a pour but d'établir des conseils de salaires (*wages boards*), qui auront le pouvoir de fixer un minimum de salaires dans les industries visées par le bill. Ces industries sont la confection des vêtements d'hommes et de femmes (*tailoring and dress making*) et la façon et réparation des chemises. Toutefois le Secrétaire d'Etat à l'Intérieur aura le pouvoir de l'étendre à d'autres industries, en particulier à celles où il y a beaucoup d'ouvrières et d'ouvriers et où les salaires sont très bas. Le Secrétaire d'Etat fixera le nombre des membres de ce conseil qui seront de six à dix et qui devront être pour moitié des employeurs et pour l'autre moitié des employés. Employeurs et employés seront nommés suivant le mode déterminé dans chaque circonstance par le Secrétaire d'Etat ou, à défaut de nomination directe, par les patrons et employés, par le Secrétaire d'Etat lui-même. C'est encore le Secrétaire d'Etat qui désigne le président au cas où les membres du conseil n'ont pas pu se mettre d'accord. Enfin, si quelque vacance se produit parmi les employeurs ou employés, membres du conseil, et s'il n'est pas pourvu à la vacance dans les quinze jours, le Secrétaire d'État y pourvoit d'office.

Le conseil ainsi composé a tout pouvoir pour déterminer un salaire minimum dans quelque nature d'ouvrage que ce soit, à l'heure ou aux pièces, et pour faire varier ce minimum suivant les régions ou les localités. Les régions et les localités où les conseils devront fonctionner seront déterminées par le Secrétaire d'Etat. Il est tenu de faire une enquête et de statuer toutes les fois qu'une demande tendant à la création d'un conseil de salaires lui est adressée par un syndicat (*trade union*) ou par six personnes, patrons ou ouvriers ; mais il demeure seul juge de l'utilité de cette création. Le minimum de salaire fixé par ce conseil est obligatoire pour les employeurs. Quiconque aura payé un salaire inférieur sera condamné à une amende qui peut varier de 25 à 125 francs pour une première contravention et s'élèvera jusqu'à 500 francs en cas de récidive.

Ce bill n'a pas laissé de susciter en Angleterre une certaine émotion. Il a cependant été l'objet d'un rapport très favorable du comité de la Chambre des communes auquel il a été renvoyé. Il a déjà passé par deux lectures successives, et tout porte à croire qu'il sera définitivement adopté, car il a rencontré l'appui du gouvernement, obligé de ménager le *Labour party*. A moins qu'il ne soit rejeté par la Chambre des lords, ce bill ferait donc passer le salaire minimum du domaine de l'utopie dans celui de la réalité. Le seul fait qu'il soit adopté par la Chambre des communes, quand même il serait rejeté par la Chambre des lords, sera assurément un encouragement pour ceux qui mettent leur espoir dans l'intervention de la loi, et il ne faudrait pas s'étonner si, avant la fin de la législature, le parlement français était saisi de quelque proposition tendant à l'établissement général d'un salaire minimum. Une tentative a déjà été faite en ce sens. Un groupe de députés appartenant au parti socialiste, parmi lesquels on relève les noms de MM. Jaurès et de Pressensé, a déposé, au mois de juin 1907, un projet de loi donnant aux conseils généraux le droit de fixer, après avis préalable des conseils d'arrondissements et municipaux, dans toutes les industries, quelles qu'elles soient, un salaire suffisant pour le minimum d'existence déterminé par eux dans chaque département, minimum calculé d'après une journée de dix heures de travail. Tout employeur qui paierait un salaire inférieur serait passible de peines qui, en cas de récidive, devraient être portées à trois ans d'emprisonnement. En matière de pénalité, les députés socialistes ne badinent pas, comme on voit, au moins lorsqu'il s'agit de patrons.

Rendons cependant justice aux signataires de ce projet. Ils paraissent s'être surtout proposé de faire une manifestation, et après avoir déposé leur projet, ils le laissent dormir dans les cartons de la Commission du travail. Aussi nous permettra-t-on de ne pas nous attarder à discuter cette conception singulière qui consisterait à ériger en juges souverains et arbitraires de la vie économique du pays, des corps exclusivement politiques et de ne pas attacher à cette proposition plus d'importance que ses auteurs ne paraissent en attacher eux-mêmes.

La question se présenterait sous un autre aspect si, avant la fin de cette législature, le Parlement était saisi d'un projet de loi qui, s'inspirant des dispositions du bill anglais, limiterait l'expérience à une seule industrie, par exemple à celle de la lingerie sur laquelle on peut dire que la lumière est faite, et créerait dans cette industrie des conseils de salaires composés de patrons et d'ouvriers, ou plutôt, dans l'espèce, d'ouvrières qui auraient le pouvoir d'établir par région un minimum de salaire, à la journée ou aux pièces, contradictoirement débattu. Ce que tente un parlement comme le Parlement anglais peut être contredit, désapprouvé, combattu, mais vaut cependant l'honneur d'une discussion sérieuse. La question du minimum de salaires est si grosse, si complexe, elle peut être envisagée sous tant d'aspects différents, que nous ne saurions entreprendre de l'examiner à la fin d'une étude déjà trop longue. Aussi nous bornerons-nous à deux objections, l'une d'ordre plutôt théorique, l'autre d'ordre pratique, qui méritent, croyons-nous, d'attirer l'attention des partisans de ce remède nouveau à des souffrances malheureusement trop réelles et trop anciennes.

L'objection d'ordre théorique est celle-ci : Qu'est-ce que le salaire minimum ? C'est le salaire nécessaire à l'ouvrier ou à l'ouvrière pour se nourrir, s'habiller, se loger d'une façon décente. Nourriture, vêtement, loyer : telle est la triple nécessité à laquelle le salaire doit pourvoir. Mais si, le taux du salaire étant invariablement fixé par la loi, le prix de la nourriture, du vêtement, du loyer peut au contraire varier, le salaire minimum deviendra insuffisant pour peu que le prix des denrées alimentaires, des vêtements ou du loyer augmente, car ce qu'on appelle, croyons-nous, dans la langue économique le pouvoir d'achat du salaire diminuera d'autant. En bonne logique, une loi fixant un salaire minimum devrait être complétée par une loi fixant un maximum de prix, en ce qui concerne la nourriture, l'habillement et le logement. Ce serait en revenir à la Convention et même à Dioclétien ; mais comme remonter aussi loin en arrière ne paraît pas absolument facile, il serait à craindre que le salaire minimum ne répondît pas toujours à ce que les intéressés en attendraient. Il est vrai que le salaire fixé par ces conseils pourrait être l'objet de révisions fréquentes, mais en doctrine l'objection ne laisse pas d'être assez forte.

L'objection pratique est celle-ci. On comprend à la rigueur la fixation d'un salaire minimum par jour pour le travail en atelier ; mais pour le travail à domicile, ce salaire devrait évidemment être fixé aux pièces. Supposant même résolue la difficulté d'évaluer le salaire aux pièces de façon à assurer à l'ouvrière travaillant à la tâche un salaire quotidien suffisant, il faudra toujours calculer ce salaire d'après la journée de travail moyenne d'une ouvrière d'habileté moyenne également. Mais celles qui ne pourront pas, pour une raison ou pour une autre, consacrer à leur travail ce temps moyen, une veuve chargée d'enfants par exemple, ou celles qui seront âgées, infirmes, malhabiles, n'atteindront pas à ce salaire minimum et n'échapperont pas à la misère. Autre objection plus forte encore : les conseils de salaires établis par région feraient assurément varier le salaire minimum suivant les régions. Ils ne le fixeraient pas au même prix, à Paris par exemple ou dans telle région du Centre où s'exécutent beaucoup de travaux de lingerie. Comme le fabricant en gros aura toujours une tendance naturelle, à rechercher le travail à bon marché, n'est-il pas à craindre qu'il ne réserve désormais ses commandes à la région où le salaire est le plus bas, créant ainsi le chômage dans les régions où le salaire serait au contraire le plus élevé ? Déjà la baisse qui se fait sentir à Paris dans l'industrie de la lingerie a pour cause la concurrence des ouvrières de province. La fixation d'un salaire minimum variant par région précipiterait encore ce déplacement du travail. Les ouvrières parisiennes en particulier, dont le salaire serait plus élevé sur le papier, seraient exposées aux horreurs du chômage et le remède ne ferait qu'amener en réalité une aggravation de souffrances. Ces quelques objections méritent, croyons-nous, d'être méditées. Serait-il possible d'arriver à ce même résultat d'un salaire assurant à l'ouvrière le minimum nécessaire à la vie sans l'intervention du législateur et par une entente amiable entre patrons et ouvriers, ou plutôt ouvrières, puisque nous ne nous occupons ici que du travail féminin ? Une intéressante tentative en ce sens a eu lieu récemment, et, bien qu'elle n'ait abouti jusqu'à présent à aucune conséquence pratique, il convient cependant de ne pas la passer sous silence.

Le groupement lyonnais connu sous le nom de *Fédération nationale des syndicats indépendant de femmes*, dont nous avons parlé tout à l'heure, a pris l'initiative de s'adresser à toutes les chambres syndicales de patrons dans l'industrie du vêtement pour leur demander de consentir à la fixation d'un tarif minimum qui serait arrêté d'accord entre syndicats patronaux et syndicats d'ouvrières. Mlle Rochebillard, après avoir, dans une pétition éloquente, rappelé toutes les souffrances qu'inflige aux femmes l'insuffisance de leurs salaires, insuffisance qu'elle attribue à l'âpreté de la concurrence entre patrons, les adjure de mettre eux-mêmes un terme à cette concurrence en assurant aux ouvrières qui travaillent aux pièces ou à la journée une rémunération uniforme et suffisante. Cette rémunération devrait, suivant Mlle Rochebillard, garantir à toute ouvrière au-dessus de dix-huit ans un salaire minimum de 1 franc par jour dans les petites villes et les campagnes, de 1 fr. 50 dans les villes de 10 000 à 100 000 habitants, de 2 francs par jour dans les villes de plus de 100 000 habitants. Assurément la prétention, en soi, est modeste, et il est douloureux de penser qu'à Paris, par exemple, assurer à l'ouvrière un gain de 2 francs par jour puisse être considéré comme un progrès. L'initiative de Mlle Rochebillard a été appuyée à Paris, auprès de la puissante Chambre syndicale des tissus et matières textiles, par M. Lefébure qui est un de ses membres les plus importants, et c'est sans doute à l'intervention d'une personnalité aussi considérable du commerce parisien qu'il faut attribuer la bonne volonté que la Chambre syndicale avait semblé tout d'abord apporter à l'étude de cette question, car elle a poussé cette bonne volonté jusqu'à nommer une commission qui a fait un rapport. Le rapport reconnaît l'intérêt de la question et il « proclame que si tous ceux qui donnent du travail à l'entreprise pouvaient se mettre d'accord sur les prix de façon, ce serait un grand pas fait dans la solution du problème qui préoccupe depuis si longtemps les légistes et tous ceux qui s'intéressent au sort des ouvrières malheureuses. » Il va même jusqu'à dire « que l'Association des tissus consent à s'intéresser à l'étude de cette question dont la solution serait si profitable à tous ceux qui souffrent de la rétribution insuffisante de leur travail. » A cette manifestation platonique s'est bornée jusqu'à présent la sympathie de la Chambre syndicale. Nous croyons cependant savoir que, pressée récemment de mettre de nouveau la question à l'étude d'une façon positive et pratique, elle ne s'y est pas refusée. L'espoir d'une entente inter-syndicale pour arriver à la fixation d'un minimum de salaire n'est donc pas tout à fait évanoui, et il faut s'en réjouir car la fixation à l'amiable d'un salaire minimum, peut-être difficile à réaliser dans la pratique, mérite au moins l'étude sérieuse que sollicite un patron aussi considérable que M. Lefébure, et une personne aussi au courant de la situation des ouvrières que Mlle Rochebillard.

En attendant que l'étude de cette question soit reprise, — et la menace d'une intervention législative contraindra peut-être les plus récalcitrants à la reprendre, — l'Angleterre va, suivant toute probabilité, tenter l'expérience de la fixation légale d'un salaire minimum. Si nous osions donner un conseil à nos législateurs, ce serait d'attendre le résultat de cette expérience avant de se lancer dans la même voie. Ce n'est pas, en effet, un des moindres dangers des interventions législatives trop minutieuses dans le monde du travail que d'aboutir à des conséquences imprévues, et, par des répercussions inattendues, de transformer en victimes ceux ou celles qu'on voulait protéger. Laissons donc nos voisins faire l'expérience. Si elle échoue, c'est eux qui en paieront les frais ; si elle réussit, nous en profiterons. Nous aurons tiré ainsi un nouveau bénéfice de l'Entente cordiale.

ISBN : 978-1979818919